Noruega

Julie Murray

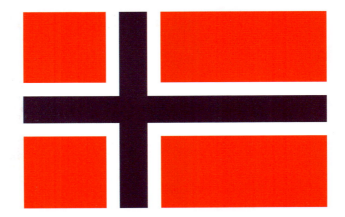

Abdo Kids Jumbo es una subdivisión de Abdo Kids
abdobooks.com

abdobooks.com

Published by Abdo Kids, a division of ABDO, P.O. Box 398166, Minneapolis. Minnesota 55439. Copyright © 2024 by Abdo Consulting Group, Inc. International copyrights reserved in all countries. No part of this book may be reproduced in any form without written permission from the publisher. Abdo Kids Jumbo™ is a trademark and logo of Abdo Kids.

102023
012024

Spanish Translator: Maria Puchol

Photo Credits: Getty Images, Shuttestock, ©Jan-Tore Egge p.21/CC-BY-SA 4.0, ©G.Lanting p.22(upper right)/CC-BY-SA 3.0

Production Contributors: Teddy Borth, Jennie Forsberg, Grace Hansen
Design Contributors: Candice Keimig, Pakou Moua

Library of Congress Control Number: 2023939979

Publisher's Cataloging-in-Publication Data

Names: Murray, Julie, author.

Title: Noruega/ by Julie Murray

Other title: Norway. Spanish

Description: Minneapolis, Minnesota: Abdo Kids, 2024. | Series: Países | Includes online resources and index

Identifiers: ISBN 9781098269944 (lib.bdg.) | ISBN 9798384900504 (ebook)

Subjects: LCSH: Norway--Juvenile literature. | Norway--History--Juvenile literature. | Europe, Northern-- Juvenile literature. | Geography--Juvenile literature. | Spanish Language Materials--Juvenile literature.

Classification: DDC 948.1--dc23

Contenido

Noruega

Noruega está en el norte de Europa. Allí viven alrededor de cinco millones y medio de personas. Oslo es la capital y la ciudad más grande. También es el centro empresarial, artístico y cultural del país.

Bergen es la segunda ciudad más grande. También es el **puerto marítimo** más activo del país. Sus bellos paisajes y su encanto la convierten en un lugar turístico muy popular.

En la parte norte de Noruega el sol no se pone durante unos meses al año. Por eso a menudo se le llama el País del **Sol de Medianoche**.

Geografía

Noruega limita con tres países y tres masas de agua. Hay partes de Noruega que se encuentran en el **círculo polar ártico**.

mar de
Barents

mar de
Noruega

Rusia

Suecia

Noruega

Finlandia

Bergen

Oslo

mar del
Norte

N

W   E

S

Europa

11

Noruega tiene valles profundos, montañas y bosques. Gran parte del país es montañoso. Hay **glaciares** por toda Noruega.

La costa noruega es **accidentada** y cuenta con más de 200,000 islas. Abundan los **fiordos** a lo largo de toda la costa.

Animales

En Noruega viven animales curiosos como los frailecillos y las ballenas. En las islas Svalbard hay zorros árticos, renos y osos polares. Estas islas están a medio camino entre Noruega y el Polo Norte.

Comida

Los platos de pescado son populares en Noruega. El *lutefisk* es una comida tradicional. Y entre las comidas favoritas están los guisos calientes. El *lefse* es un pan plano que se prepara durante la Navidad.

Esquí

El esquí es un deporte muy popular en Noruega. El noruego Sondre Norheim es conocido como el padre del esquí moderno. En Noruega hay pinturas rupestres de hace 5000 años que muestran figuras esquiando.

Sondre Norheim

Lugares emblemáticos

fiordo de Geiranger
Møre og Romsdal, Noruega

glaciar de Jostedal
Vestland, Noruega

El Púlpito
Rogaland, Noruega

cascada de Vøring
Vestland, Noruega

Glosario

accidentado – que su superficie es desigual, escabrosa, peligrosa.

círculo polar ártico – línea imaginaria trazada alrededor de la Tierra paralela al ecuador que marca el límite del Ártico. Al norte de esta línea hay periodos de noche continua en invierno y de día continuo en el verano.

fiordo – golfo largo y estrecho que entra en la tierra, entre montañas rocosas o acantilados escarpados.

glaciar – enorme placa de hielo que se forma con nieve compacta en regiones muy frías.

lutefisk – plato escandinavo con pescado blanco seco que se suaviza su sabor en sosa, se enjuaga y luego se hierve.

puerto marítimo – lugar de un pueblo o ciudad con costa en el mar donde los barcos pueden atracar, cargar y descargar.

sol de medianoche – fenómeno natural en el que el sol no se pone durante unos 75 días. Esto ocurre en los meses de verano al norte del Ártico y al sur del círculo polar antártico. Algunas partes de Noruega se encuentran en el círculo polar ártico.

Índice

Abdo Kids ONLINE
FREE! ONLINE MULTIMEDIA RESOURCES

¡Visita nuestra página **abdokids.com** para tener acceso a juegos, manualidades, videos y mucho más!

Los recursos de internet están en inglés.

Usa este código Abdo Kids

CNK1726

¡o escanea este código QR!